MW00884010

CURSO BASICO

Corte y Costura

PATRONES, DISEÑOS Y TRUCOS PARA DESARROLLAR TU MEJOR ESTILO DE ROPA

EDITORIAL ILUSIÓN

Curso Básico de Corte y Costura

- Aprende paso a paso a construir tus patrones
- Emprende con tu marca
- Crea la nueva tendencia

INDICE

INTRODUCCIÓN

El corte y costura, también llamada confección, es una actividad de la industria textil, en donde se elaboran prendas, realizando el proceso completo, iniciando por el diseño del modelo, realizando el patrón o trazado, ya sea con medidas específicas para una persona o con medidas estándares clasificadas por tallas; posteriormente se realiza el corte de la tela, se cosen las piezas y se finaliza el proceso dando los toques decorativos o ajustando detalles (cierres, botones, otros).

El diseño de las prendas se realiza al gusto de cada persona, y de éste va a depender los pasos a seguir al momento de realizar el patrón o trazado de la pieza. Este libro proporciona detalladamente de forma escrita y mediante ejemplos gráficos, los pasos a seguir en la etapa de trazado de la pieza que se desea confeccionar, se muestran los procedimientos para trazar vestidos, blusas, distintos tipos de mangas y cuellos, pantalones, entre otros.

Además, el Curso Básico de Corte y Costura le dará recomendaciones generales para los pasos a seguir al realizar prendas, y lo motivará a ser creativo en el mundo del diseño y la confección.

MEDIDAS BÁSICAS PARA ELABORAR PATRONES

Medidas para elaborar vestidos, blusas, franelas, camisas, entre otros:

- ✓ Contorno de busto
- ✓ Ancho de espalda
- ✓ Talle delantero
- ✓ Talle trasero
- ✓ Contorno de cintura
- ✓ Contorno de cadera
- ✓ Largo de falda
- ✓ Largo de manga
- ✓ Contorno de manga
- ✓ Altura de cadera
- ✓ Contorno de puño

Medidas para elaborar patrones de pantalón o short:

- ✓ Largo total
- ✓ Tiro o entrepierna
- ✓ Contorno de cintura
- ✓ Contorno de cadera
- ✓ Contorno de rodilla
- ✓ Contorno de ruedo

PROCEDIMIENTO PARA TOMAR LAS MEDIDAS

✓ **Contorno de busto:** Se pasa la cinta métrica alrededor del busto por la parte más alta de los senos, teniendo cuidado que la cinta no se deslice y pase siempre por debajo de la sisa.

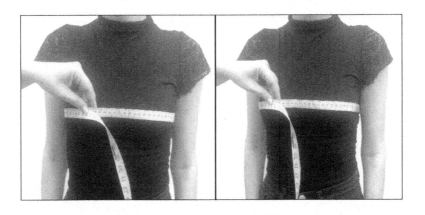

✓ **Ancho de espalda:** Se toma de hombro a hombro.

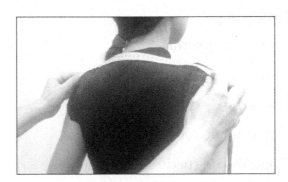

✓ **Talle delantero:** El largo de talle delantero se toma de la parte más alta del cuello buscando la mitad del hombro por la parte izquierda del cuerpo.

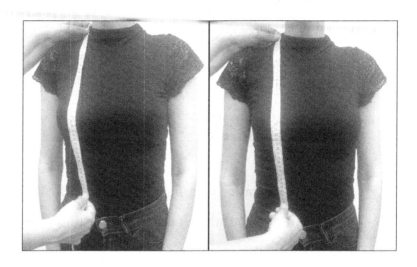

✓ **Talle trasero:** El largo de talle trasero se toma de la parte más alta del cuello, desde la mitad del hombro dejando caer la cinta por la espalda hasta la cintura.

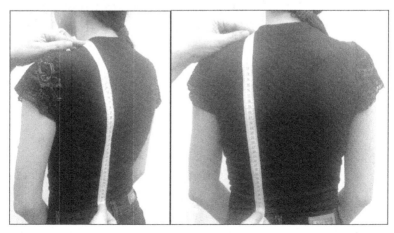

✓ **Contorno de cintura:** Se toma pasando la cinta alrededor de la cintura según el gusto de cada quien.

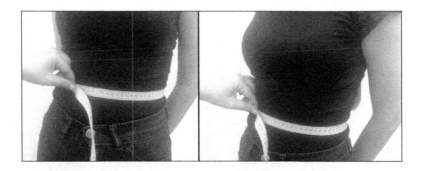

✓ **Contorno de cadera:** Se pasa la cinta métrica alrededor de la cadera tomando en cuenta la parte más alta de la nalga.

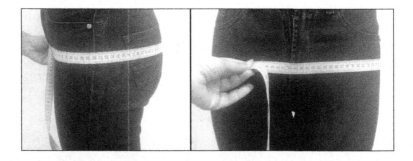

✓ **Altura de cadera:** Se toma desde la cintura hasta la parte más alta de la nalga.

✓ **Largo de falda:** Se toma desde la cintura por el costado hasta el largo deseado.

✓ **Largo de manga:** Desde el hueso del hombro hasta el largo deseado, ya sea manga corta, larga u otra.

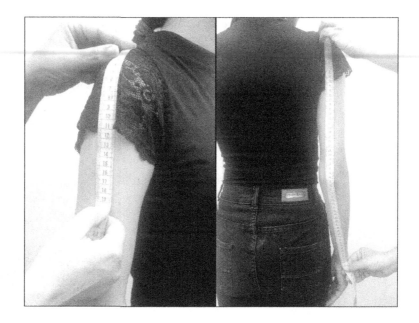

✓ **Contorno de manga:** El contorno de manga o brazo se toma alrededor del brazo.

✓ **Contorno de puño:** Se toma pasando la cinta métrica alrededor de la muñeca, más ajustado o suelto según sea su gusto.

✓ **Largo total de pantalón:** Se toma lateralmente desde la cintura, pasando por la cadera y pierna hasta el largo que se desee.

✓ **Tiro o entrepierna:** Para esta medida, la persona debe estar sentada en una superficie plana. La medida se toma lateralmente, colocando la cinta métrica desde la cintura en forma recta hasta la superficie plana.

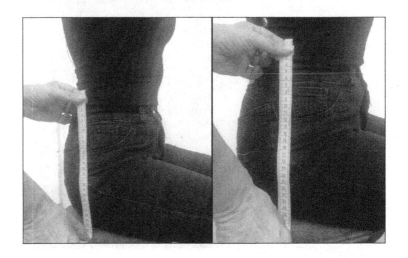

✓ **Contorno de rodilla:** Se toma pasando la cinta métrica alrededor de la parte superior de la rodilla.

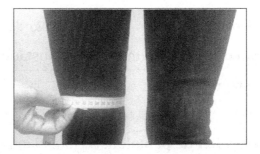

✓ **Contorno de ruedo:** Se toma pasando la cinta alrededor de la pierna a la altura que se desee el pantalón o short.

PROCEDIMIENTO PARA ELABORAR PATRÓN BÁSICO DE VESTIDOS, BLUSAS, FRANELAS, CAMISAS, ENTRE OTROS

1. Se encuadra el papel y al hacer el vértice se localiza el punto **A**.

2. Del punto **A** hacia el frente se mide la cuarta parte del contorno de busto más 2 centímetros, y se localiza el punto **1**.

3. Del punto **1** hacia el frente se miden 10 centímetros y se localiza el punto **2**.

4. Del punto **2** hacia el frente se mide la cuarta parte del contorno de busto y se localiza el punto **3**.

5. Los puntos **1**, **2** y **3** se encuadran hacia la izquierda.

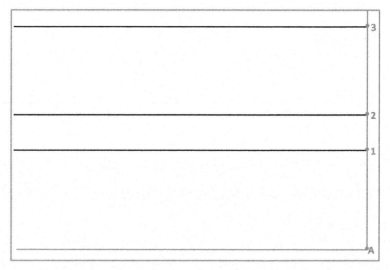

6. Del punto **3** hacia atrás se mide la mitad de la medida de espalda y se localiza el punto **4**.

7. Del punto **A** hacia el frente se mide la mitad de la medida de espalda y se localiza el punto **5**.

8. El punto **4** y **5** se encuadran hacia la izquierda a una longitud de 20 centímetros.

9. Del punto **3** hacia atrás se mide la tercera parte que hay entre el punto **3** y **4** y se localiza el punto **6**.

10. Del punto **A** hacia el frente se aplica la misma medida de lo que se midió del punto **3** al **6** y se localiza el punto **7**.

11. Del punto **A** hacia la izquierda se mide lo que hay entre el punto **A** y **7**, más 2 centímetros, y se localiza el punto **8**.

12. El punto **7** se une con **8** con una línea curva para marcar la sisa de cuello de la parte delantera del vestido.

13. Del punto **3** hacia la izquierda se miden 2 centímetros y se localiza el punto **9**.

14. El punto **9** se une con **6** con una línea curva para marcar la sisa del cuello de la parte trasera del vestido.

15. Del punto **5** hacia la izquierda se miden 4 centímetros y se localiza el punto **10**.

16. El punto **10** se une con **7** con una línea recta inclinada para marcar la altura del hombro de la parte delantera del vestido.

17. Del punto **4** hacia la izquierda se miden 4 centímetros y se localiza el punto **11**.

18. El punto **11** se une con **6** con una línea recta inclinada para marcar la altura del hombro de la parte trasera del vestido.

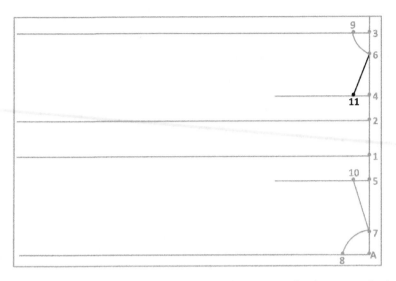

19. Del punto **10** hacia la izquierda se mide la mitad de ancho de espalda menos 2 centímetros y se localiza el punto **12** (restar sólo 1 centímetro cuando tiene manga).

20. Del punto **11** hacia la izquierda se aplica la misma medida que hay entre el punto **10** y **12**, y se localiza el punto **13**.

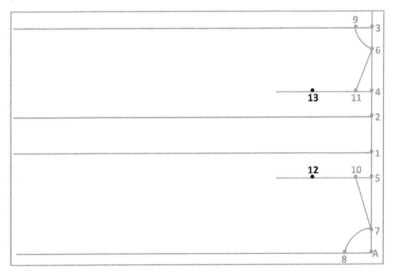

21. El punto **12** y **13** se une con una línea recta hasta la línea **3** y la línea horizontal **A** para marcar la línea de sisa, y al hacer vértice con la línea **1** se localiza el punto **14**.

22. Al hacer vértice con la línea **2** se localiza el punto **15**.

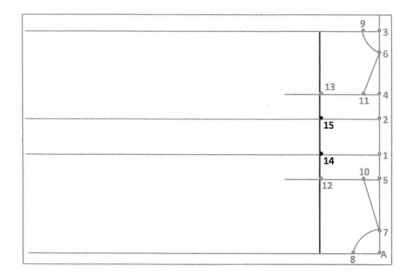

23. Para marcar la sisa de manga de la parte delantera del vestido se traza una línea curva desde el punto **10** hasta el punto **14**, pasando 1 y ½ centímetros de la línea 5 hacia atrás.

24. Para trazar la línea de sisa de la parte trasera del vestido se marca una línea curva desde el punto **11** hasta el punto **15** pasando 1 centímetro hacia el frente por la línea **4**.

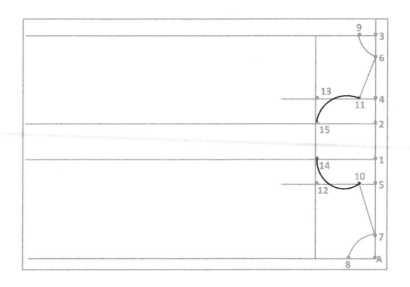

25. Del punto **A** hacia la izquierda se mide el largo de talle delantero y se localiza el punto **16**.

26. El punto **16** se encuadra hacia el frente hasta la línea **1**.

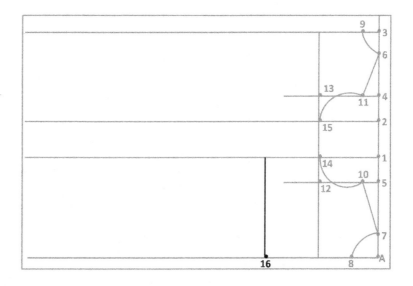

27. Del punto **3** hacia la izquierda se mide el largo de talle trasero y se localiza el punto **17**.

28. El punto **17** se encuadra hacia atrás hasta la línea **2**.

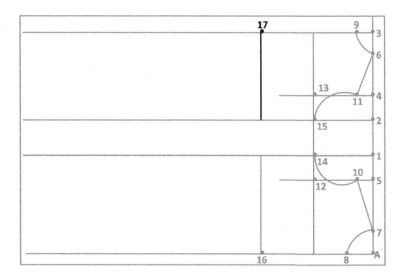

29. Del punto **16** hacia el frente se mide la cuarta parte del contorno de cintura más 2 centímetros, y se localiza el punto **18**.

30. Del punto **17** hacia atrás se mide la cuarta parte del contorno de cintura más 2 centímetros, y se localiza el punto **19**.

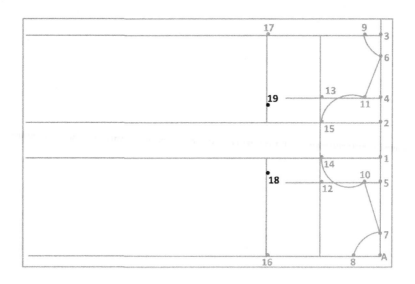

31. El punto **18** se une con **14** con una línea recta para marcar la línea de costura lateral de la parte delantera del vestido.

32. El punto **19** se une con **15** con una línea recta para marcar la costura lateral de la parte trasera del vestido.

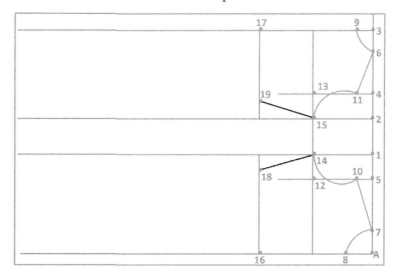

33. Del punto **16** hacia la izquierda se mide la altura de cadera y se localiza el punto **20**.

34. Del punto **17** hacia la izquierda se mide la altura de cadera y se localiza el punto **21**.

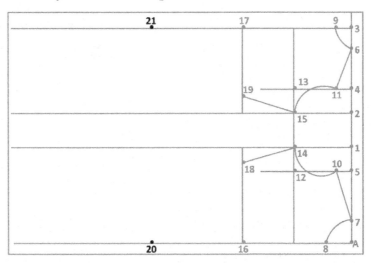

35. El punto **21** se encuadra hacia atrás hasta la línea **2**.

36. Del punto **20** hacia el frente se mide la cuarta parte del contorno de cadera y se localiza el punto **22**.

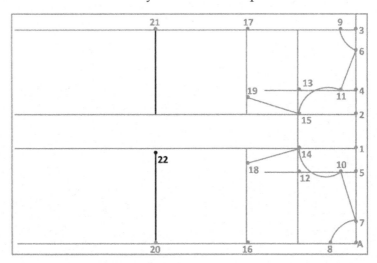

37. El punto **22** se encuadra hacia la izquierda hasta la línea de largo de la falda.

38. Del punto **21** hacia atrás se mide la cuarta parte del contorno de cadera y se localiza el punto **23**.

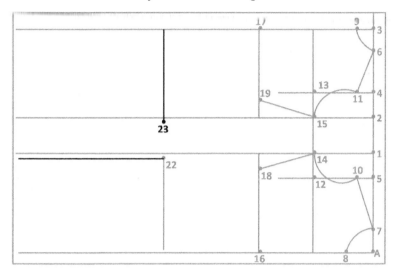

39. El punto **23** se encuadra hacia la izquierda hasta el largo de falda.

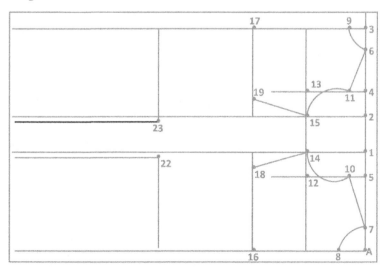

40. El punto **22** se une con **18** con una línea curva para marcar la altura de cadera de la parte delantera del vestido.

41. El punto **23** se une con **19** con una línea curva para marcar la altura de cadera de la parte trasera del vestido.

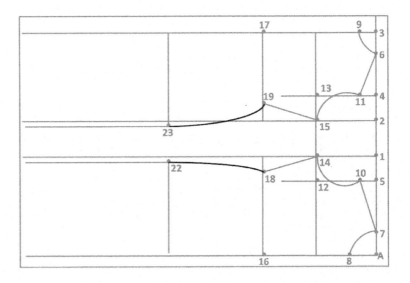

42. Del punto **16** hacia la izquierda se mide el largo de la falda y se localiza el punto **24**.

43. El punto **24** se encuadra hacia el frente hasta la línea **22**.

44. Del punto **17** hacia la izquierda se mide el largo de falda y se localiza el punto **25**.

45. El punto **25** se encuadra hacia atrás hasta la línea **23**.

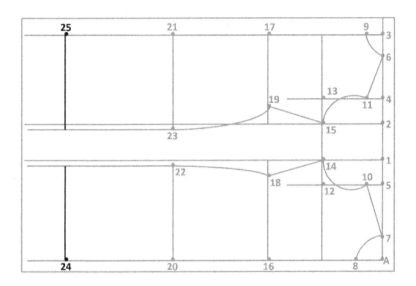

Nota importante: Para realizar un patrón de blusa, no se toma en cuenta el largo de falda, sólo hasta el largo de cadera o hasta la altura que se desee.

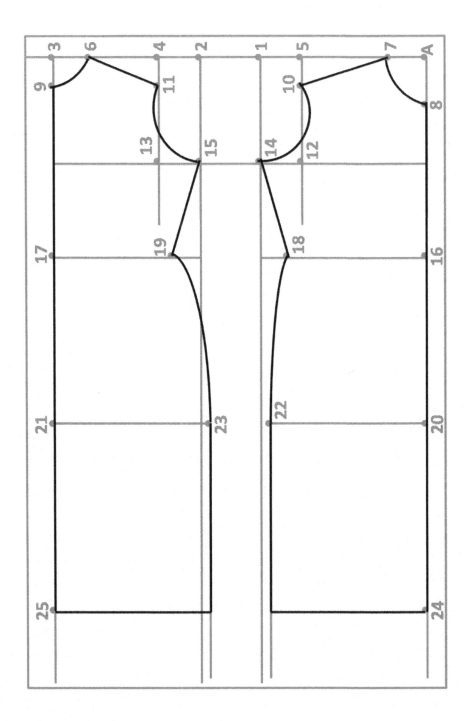

TRAZADO DE PINZAS

Pinza de cintura:

1. Se toma la mitad que hay entre el punto **16** y **18** de la parte delantera del vestido y se localiza el punto **26**.

2. Del punto **26** se mide 1 centímetro hacia el frente y 1 centímetro hacia atrás, y se marcan los puntos **27** y **28**, respectivamente.

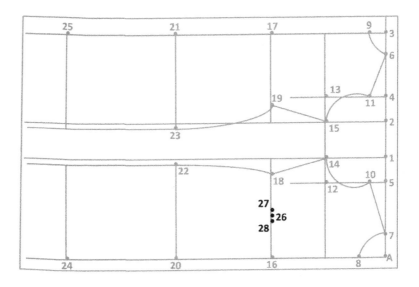

3. Del punto **26** hacia la izquierda se miden 10 centímetros y se localiza el punto **29**.

4. Del punto **26** hacia la derecha se miden 14 centímetros y se localiza el punto **30**.

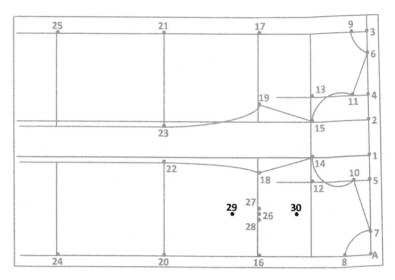

5. El punto **27** se une con **29** con una línea recta.

6. El punto **27** se une con **30** con una línea recta.

7. El punto **28** se une con **29** con una línea recta.

8. El punto **28** se une con **30** con una línea recta, de esta manera se termina de formar la pinza delantera de la cintura.

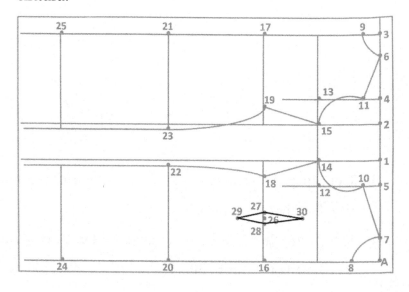

9. Se toma la mitad que hay entre el punto **17** y **19** de la parte delantera del vestido y se localiza el punto **31**.

10. Del punto **31** se mide 1 centímetro hacia el frente y 1 centímetro hacia atrás, y se marcan los puntos **32** y **33**, respectivamente.

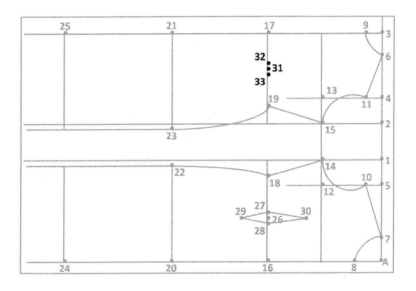

11. Del punto **31** hacia la izquierda se miden 12 centímetros y se localiza el punto **34**.

12. Del punto **31** hacia la derecha se miden 16 centímetros y se localiza el punto **35**.

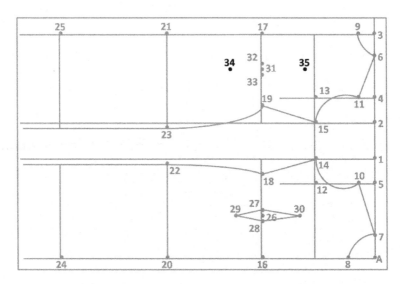

13. El punto **32** se une con **34** con una línea recta.

14. El punto **32** se une con **35** con una línea recta.

15. El punto **33** se une con **34** con una línea recta.

16. El punto **33** se une con **35** con una línea recta, de esta manera se termina de formar la pinza trasera de la cintura.

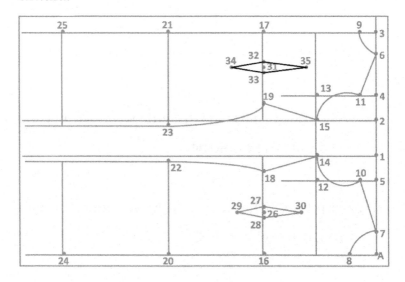

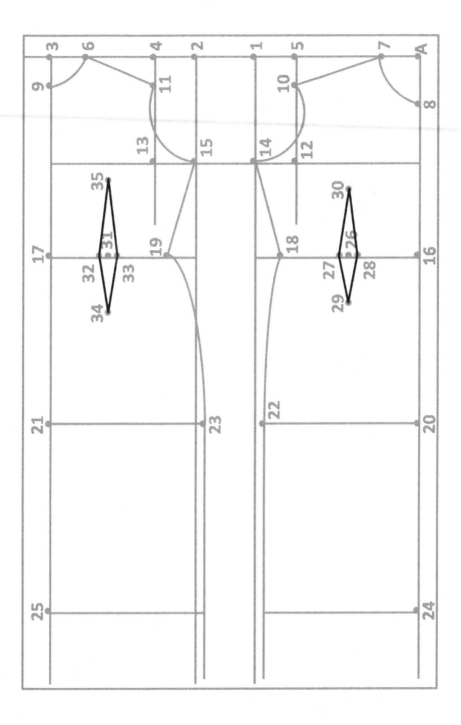

Pinza de busto:

1. Se mide la distancia que hay entre el punto **14** y el **18**, se toma la mitad y se localiza el punto **36**.

2. Se saca la diferencia entre el talle trasero y el talle delantero y se divide entre 2. Este valor se coloca midiendo del punto **36** hacia el **14** y se localiza el punto **37**.

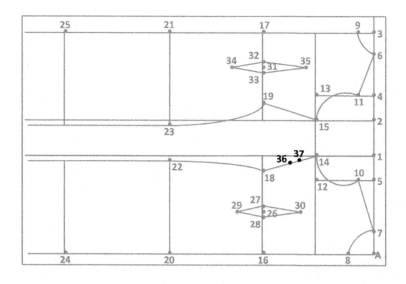

3. Del punto **36** hacia atrás perpendicularmente se miden 10 centímetros y se localiza el punto **38**.

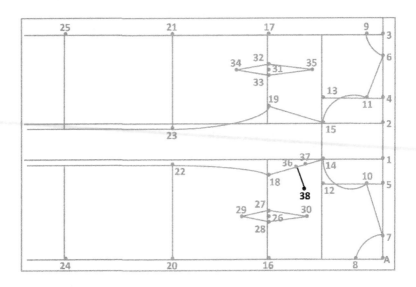

4. El punto **38** se une con **37** en línea recta y se forma la pinza del busto.

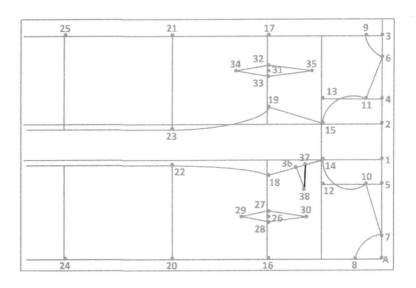

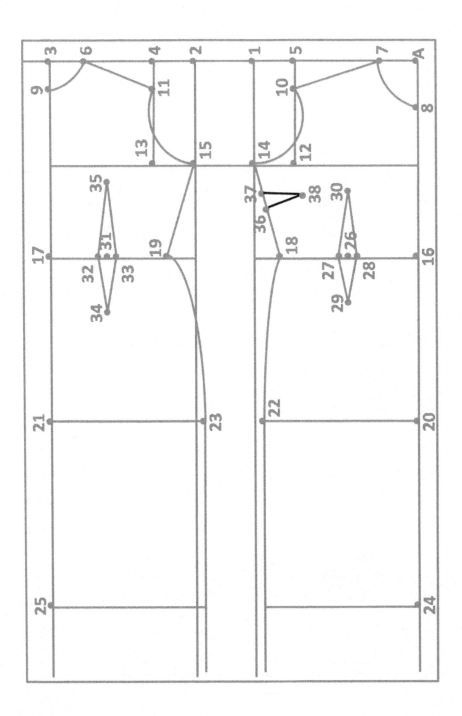

34

TRAZADO DE MANGAS

Trazado básico de la manga corta para vestido o blusa:

1. Se corta un papel de 30 centímetros de largo por 50 centímetros de ancho.

2. Se coloca doblado sobre la mesa (con el doblez hacia su cuerpo) y se dejan 4 centímetros hacia la derecha encuadrado con el doblez del papel.

3. Se forma un rectángulo que tenga entre **A** y **B** la mitad de la medida de espalda, más 1 centímetro, y entre **A** y **C** hacia la izquierda el largo de manga, más 3 o 4 centímetros para el ruedo.

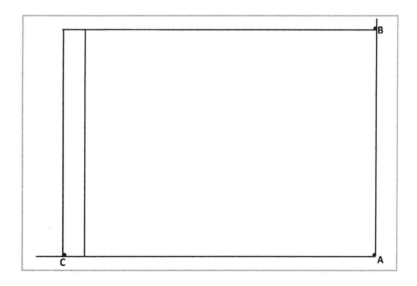

Nota importante: La línea formada por los puntos **A** y **C** es en realidad el doblez del papel, se observa de esa forma en la imagen por fines prácticos para señalar los puntos en los ejemplos.

4. Se mide hacia la izquierda de **A** la décima parte de contorno de busto, más 3 centímetros y se marca el punto **1**.

5. Los puntos **A**, **1** y **C** se encuadran hacia el frente.

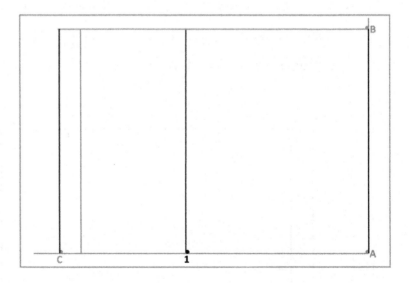

6. Se traza una línea vertical entre el punto **A** y **1** y se marca el punto **2**.

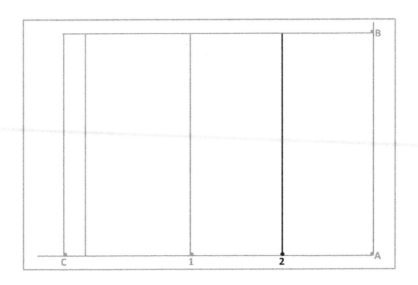

7. Se traza una línea vertical entre el punto **2** y **A** y se marca el punto **3**.

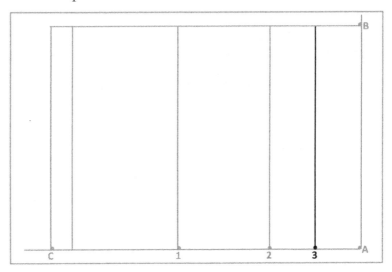

8. Entre **A** y **B** se traza una línea horizontal hacia la línea del punto **1** y se marca el punto **4**.

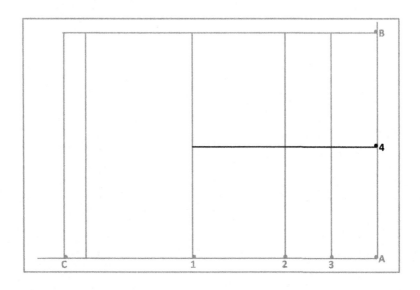

9. De **A** hacia el frente se miden 3 centímetros y se localiza el punto **5**.

10. Del punto **C** hacia el frente se mide la mitad del contorno de brazo y se localiza el punto **6**.

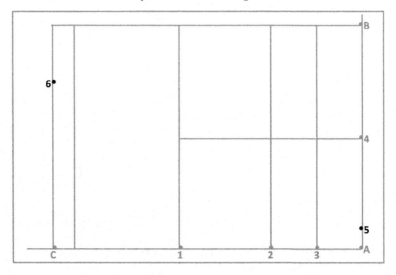

11. El punto **6** se une con la intersección de las líneas **B** y **1**. Se unen con una línea recta inclinada para marcar la costura de costado.

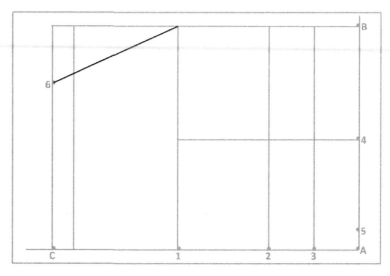

12. El punto de intersección de las líneas **B** y **1** se une con el punto **5** pasando por la intersección de las líneas **2** y **4** con una curva para marcar la cabeza de la manga.

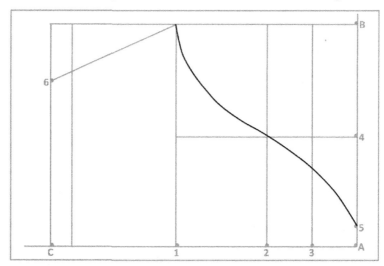

13. El punto de intersección de las líneas **B** y **1** se une con el punto **5** pasando por la intersección de las líneas **3** y **4** con una curva para marcar la cabeza de la manga (con una línea curva).

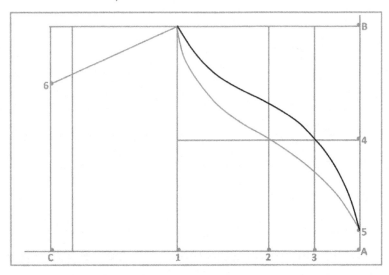

Nota importante: Recuerde que la línea formada por los puntos **A** y **C** es en realidad el doblez del papel, por lo tanto, el trazado se recorta de la siguiente manera: Desde el punto **A** en línea recta hasta el punto **5**. Seguidamente en línea curva desde el punto **5**, pasando por la intersección de las líneas **3** y **4** hasta llegar a la intersección de **B** y **1**, es decir, por la curva superior de la cabeza de la manga. Luego continúe en línea recta hasta el punto **6** y finalmente corte hasta el punto **C**. Desdoble el papel y recorte del lado donde marcó el patrón, la curva inferior de la cabeza de la manga, es decir, la que pasa por el punto de intersección de **2** y **4**. Al doblar nuevamente observará en el papel la curva superior y la inferior.

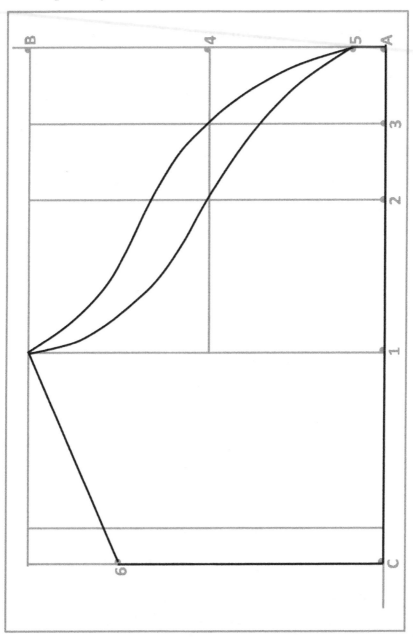

Trazado básico de la manga larga o manga 3/4:

1. Se realiza el patrón de la misma forma que la manga corta, sólo se modifica el punto **C** que es el largo de la manga. Se forma un rectángulo que tenga entre **A** y **B** la mitad de la medida de espalda, más 1 centímetro, y entre **A** y **C** hacia la izquierda el largo de manga, más 3 o 4 centímetros para el ruedo.

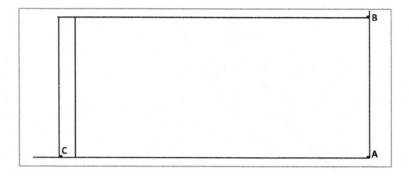

   Nota importante: La línea formada por los puntos **A** y **C** es en realidad el doblez del papel, se observa de esa forma en la imagen por fines prácticos para señalar los puntos en los ejemplos.

2. Se mide hacia la izquierda de **A** la décima parte de contorno de busto, más 3 centímetros y se marca el punto **1**.

3. Los puntos **A**, **1** y **C** se encuadran hacia el frente.

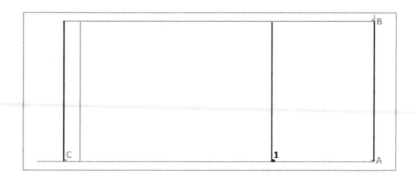

4. Se traza una línea vertical entre el punto **A** y **1** y se marca el punto **2**.

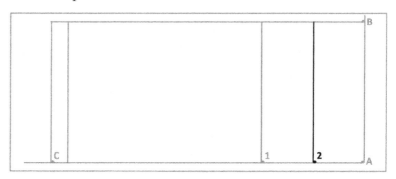

5. Se traza una línea vertical entre el punto **2** y **A** y se marca el punto **3**.

6. Entre **A** y **B** se traza una línea horizontal hacia la línea del punto **1** y se marca el punto **4**.

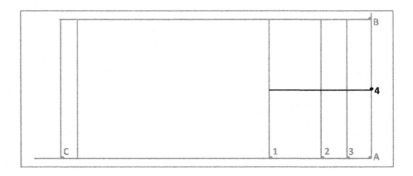

7. De **A** hacia el frente se miden 3 centímetros y se localiza el punto **5**.

8. Del punto **C** hacia el frente se mide la mitad del contorno de brazo y se localiza el punto **6**.

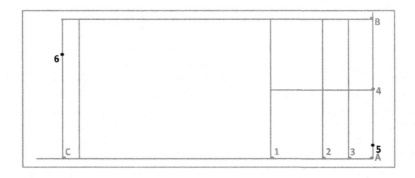

9. El punto **6** se une con la intersección de las líneas **B** y **1**. Se unen con una línea recta inclinada para marcar la costura de costado.

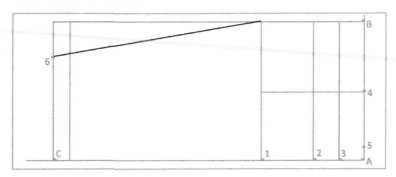

10. El punto de intersección de las líneas **B** y **1** se une con el punto **5** pasando por la intersección de las líneas **2** y **4** con una curva para marcar la cabeza de la manga.

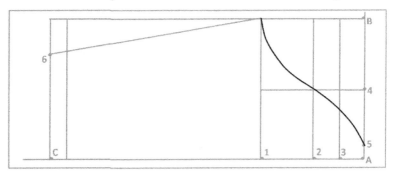

11. El punto de intersección de las líneas **B** y **1** se une con el punto **5** pasando por la intersección de las líneas **3** y **4** con una curva para marcar la cabeza de la manga (con una línea curva).

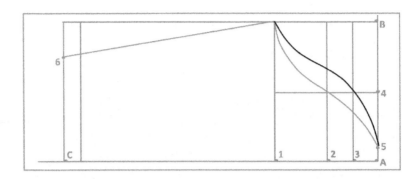

Nota importante: Recuerde que la línea formada por los puntos **A** y **C** es en realidad el doblez del papel, por lo tanto, el trazado se recorta de la siguiente manera: Desde el punto **A** en línea recta hasta el punto **5**. Seguidamente en línea curva desde el punto **5**, pasando por la intersección de las líneas **3** y **4** hasta llegar a la intersección de **B** y **1**, es decir, por la curva superior de la cabeza de la manga. Luego continúe en línea recta hasta el punto **6** y finalmente corte hasta el punto **C**. Desdoble el papel y recorte del lado donde marcó el patrón, la curva inferior de la cabeza de la manga, es decir, la que pasa por el punto de intersección de **2** y **4**. Al doblar nuevamente observará en el papel la curva superior y la inferior.

12. En el puño se mide la mitad de contorno de puño más 5 centímetros. Al largo de la manga cuando lleva puño se le resta el ancho de puño (ejemplo, si la manga es de 60 centímetros, y el puño de 6 centímetros de ancho, el largo total de la manga quedará en 54+6=60 centímetros).

13. El puño se cortará de 6 centímetros de ancho por 26 centímetros de largo o al gusto, ya sea más o menos largo.

14. El refuerzo de la abertura de la manga es de 8 centímetros de ancho por 14 centímetros de largo.

15. Para hacer la abertura de la manga se miden 10 centímetros en la parte donde va el puño hacia la izquierda o hacia la derecha según la manga que se esté elaborando.

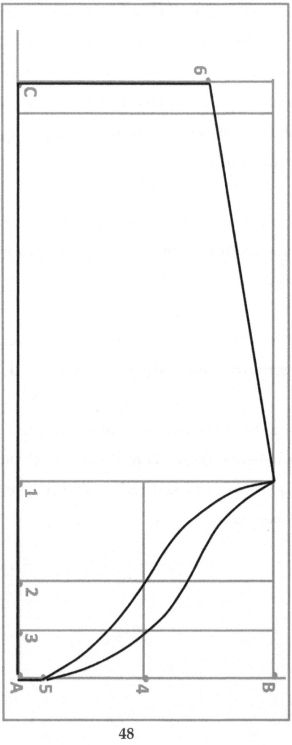

TRAZADOS DE CUELLOS

Importante saber que la medida del contorno de cuello se toma uniendo el patrón delantero y trasero del vestido, blusa o camisa.

La medida del ancho del cuello normalmente es de 6 a 8 centímetros, se realiza más o menos ancho de acuerdo al gusto de la persona.

Trazado del cuello sport normal:

1. Se realiza en un papel doblado (con el doblez hacia la derecha). Se encuadra el papel y al hacer el vértice con la línea horizontal y vertical se localiza el punto **A**.

Nota importante: La línea formada desde el punto **A** hacia el frente es en realidad el doblez del papel, se observa de esa forma en la imagen por fines prácticos para señalar los puntos en los ejemplos.

2. Del punto **A** hacia la izquierda se mide la mitad de contorno de cuello y se coloca el punto **1**.

3. El punto **1** se encuadra hacia el frente.

4. Del punto **A** hacia el frente se mide el ancho de cuello y se coloca el punto **2**.

5. El punto **2** se encuadra hacia la izquierda hasta la línea **1**. Al hacer vértice con esta línea se coloca el punto **3**.

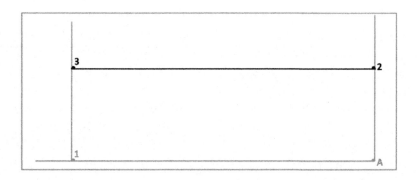

6. Del punto **3** hacia el frente se miden 1 y ½ centímetros y se coloca el punto **4**.

7. Del punto **1** hacia el frente se mide 1 y ½ centímetros y se coloca el punto **5**.

8. El punto **4** se une con la línea **2** con una semicurva para marcar la altura del cuello.

9. El punto **5** se une con la línea horizontal **A** con una semicurva.

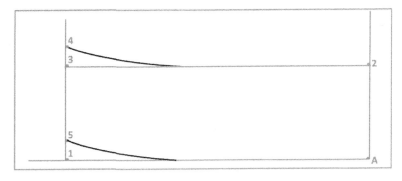

10. Del punto **4** hacia la izquierda se miden de 2 a 4 centímetros (depende del tamaño que se quiera la punta del cuello) y se coloca el punto **6**.

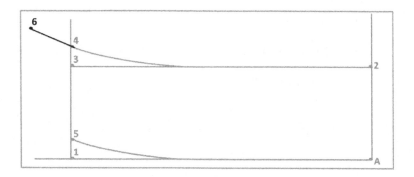

11. El punto **6** se une con el **5** con una línea recta inclinada para marcar la punta del cuello.

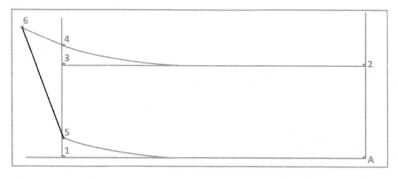

Nota importante: Recuerde que la línea formada desde el punto **A** hacia el frente es en realidad el doblez del papel, por lo tanto, el trazado se recorta de la siguiente manera: se comienza desde el punto **2** pasando por la semicurva hasta el punto **4**, siguiendo hasta el punto **6**. Del punto **6** se recorta en línea recta hasta el punto **5**. Del punto **5** se sigue la semicurva inferior y en línea recta se termina de recortar hasta el punto **A**. Desdoble el papel para observar el cuello completo.

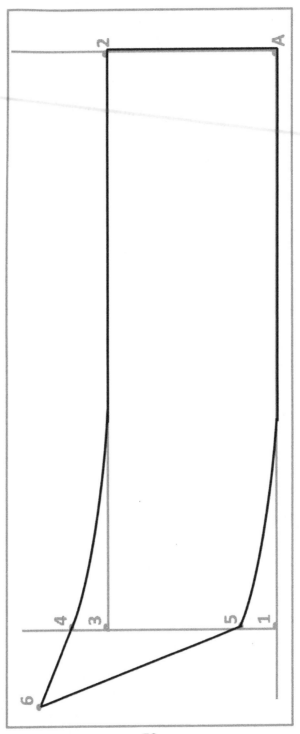

53

Trazado del cuello sport con pie de cuello:

Para el cuello sport:

1. Se encuadra el papel y al hacer el vértice con la línea horizontal y vertical se localiza el punto **A**.

Nota importante: La línea formada desde el punto **A** hacia el frente es en realidad el doblez del papel, se observa de esa forma en la imagen por fines prácticos para señalar los puntos en los ejemplos.

2. Del punto **A** hacia la izquierda se mide la mitad de contorno de cuello y se coloca el punto **1**.

3. El punto **1** se encuadra hacia el frente.

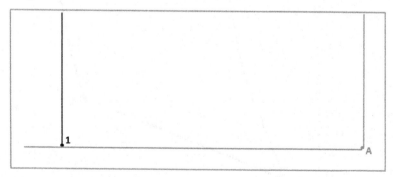

4. Del punto **A** hacia el frente se mide el ancho de cuello y se coloca el punto **2**.

5. El punto **2** se encuadra hacia la izquierda hasta la línea **1**. Al hacer vértice con esta línea se coloca el punto **3**.

6. Del punto **3** hacia el frente se miden 1 y ½ centímetros y se coloca el punto **4**.

7. Del punto **1** hacia atrás se mide 1 y ½ centímetros y se coloca el punto **5**.

8. El punto **4** se une con la línea **2** con una semicurva para marcar la altura del cuello.

12. El punto **5** se une con la línea horizontal **A** con una semicurva.

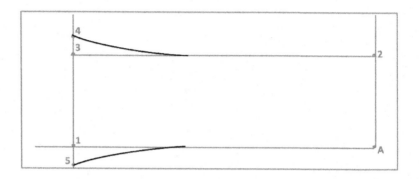

9. Del punto **4** hacia la izquierda se miden de 2 a 4 centímetros (depende del tamaño que se quiera la punta del cuello) y con una línea, se coloca el punto **6** al final.

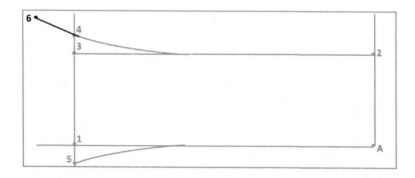

10. El punto **6** se une con el **5** con una línea recta inclinada para marcar la punta del cuello.

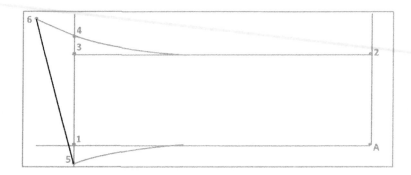

Nota importante: Recuerde que la línea formada desde el punto **A** hacia el frente es en realidad el doblez del papel, por lo tanto, el trazado se recorta de la siguiente manera: se comienza desde el punto **2** pasando por la semicurva hasta el punto **4**, siguiendo hasta el punto **6**. Del punto **6** se recorta en línea recta hasta el punto **5**. Del punto **5** se sigue la semicurva inferior y en línea recta se termina de recortar hasta el punto **A**. Desdoble el papel para observar el cuello completo.

Para el pie de cuello:

1. Se realiza en un papel doblado (con el doblez hacia la derecha). Se encuadra el papel y al hacer el vértice con la línea horizontal y vertical se localiza el punto **A**. El

pie de cuello siempre debe ser menos ancho que el cuello, es decir, si el cuello es de 5 centímetros, el pie será de 3 centímetros.

Nota importante: La línea formada desde el punto **A** hacia el frente es en realidad el doblez del papel, se observa de esa forma en la imagen por fines prácticos para señalar los puntos en los ejemplos.

2. Se mide del punto **A** hacia la izquierda la mitad del contorno de cuello y se coloca el punto **1**.

3. Del punto **1** hacia el frente se miden 3 centímetros y se coloca el punto **2**.

4. El punto **2** se encuadra hacia la derecha hasta la línea de **A** y se marca el punto **3**.

5. Del punto **2** hacia la derecha se miden 2 centímetros para abotonar y se bajan 1 y ½ centímetros para la curva de la punta del pie de cuello. Si el pie de cuello mide de contorno 40 centímetros, al cuello se le restan 2 centímetros de cada punta, o sea, que medirá 36 centímetros.

Nota importante: Recuerde que la línea formada desde el punto **A** hacia el frente es en realidad el doblez del papel, por lo tanto, el trazado se recorta de la siguiente manera: se comienza desde el punto **3** en línea recta hacia la izquierda, pasando por la curva hasta el punto **1**, siguiendo en línea recta hasta el punto **A**.

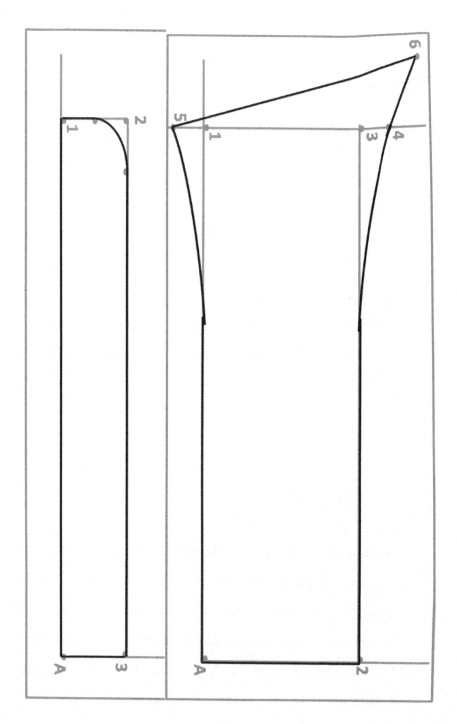

Trazado del cuello camisero:

1. Se dobla por la mitad un papel de 40 centímetros de largo por 10 centímetros de ancho (se dobla de tal manera que parezca un papel de 20 centímetros de largo por 10 centímetros de ancho) y se coloca el doblez hacia la derecha.

2. Se encuadra el ángulo inferior derecho del papel, dejando margen de 1 centímetro hacia su cuerpo y apoyándose en el lado del doblez.

3. En el ángulo encuadrado marque el punto **A**.

Nota importante: La línea formada desde el punto **A** hacia el frente es en realidad el doblez del papel, se observa de esa forma en la imagen por fines prácticos para señalar los puntos en los ejemplos.

4. Forme un rectángulo que tenga entre **A** y **1** la medida del ancho de cuello, y entre **1** y **2** la mitad del contorno de cuello.

5. Mida 1 centímetro delante del ángulo inferior izquierdo del rectángulo y marque el punto **3**.

6. Se traza una recta entre el punto **3** y el punto **A**. El centímetro que se rebaja es para que el cuello quede más angosto en las puntas y tenga aspecto más delicado. Esto depende del gusto de cada persona.

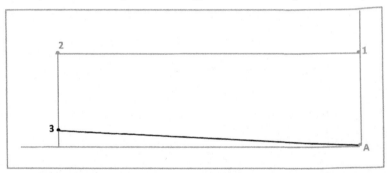

Nota importante: Recuerde que la línea formada desde el punto **A** hacia el frente es en realidad el doblez del papel, por lo tanto, el trazado se recorta de la siguiente manera: se comienza desde el punto **1** en línea recta hasta el punto **2**, luego hasta el punto **3**, por último siguiendo la línea recta inclinada hasta el punto **A**.

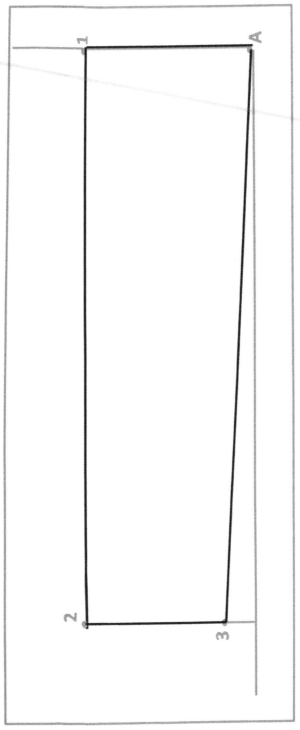

Trazado del cuello circular:

1. Se dobla por la mitad un papel de 40 centímetros de largo por 16 centímetros de ancho (se dobla de tal manera que parezca un papel de 20 centímetros de largo por 16 centímetros de ancho) y se coloca el doblez hacia la derecha.

2. Se encuadra el ángulo inferior derecho del papel, dejando margen de 1 centímetro hacia su cuerpo y apoyándose en el lado del doblez.

3. En el ángulo encuadrado marque el punto **A**.

Nota importante: La línea formada desde el punto **A** hacia el frente es en realidad el doblez del papel, se observa de esa forma en la imagen por fines prácticos para señalar los puntos en los ejemplos.

4. Forme un rectángulo que tenga entre **A** y **1** el doble del ancho de cuello, y entre **1** y **2** la mitad del contorno de cuello.

5. En el ángulo inferior izquierdo del rectángulo se marca el punto **3**.

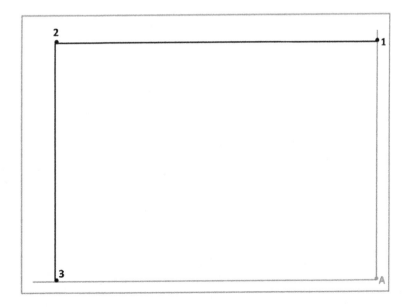

6. Se mide la mitad entre el punto **A** y **3** y se localiza el punto **4**.

7. Se mide la mitad entre el punto **A** y **1** y se localiza el punto **5**. De la misma manera se mide la mitad entre el punto **2** y **3** y se localiza el punto **6**.

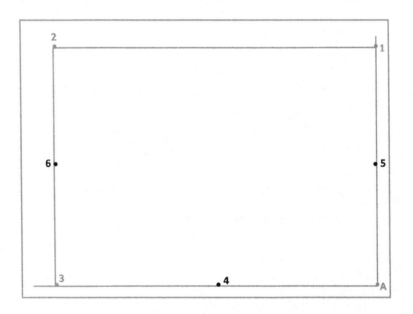

8. Se traza una línea recta uniendo los puntos **5** y **6**. Se marca en la mitad de la misma el punto **7**.

9. Se traza una línea recta uniendo los puntos **4** y **7**.

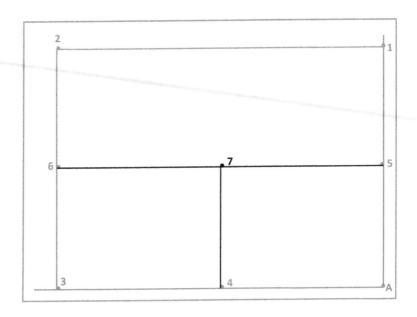

10. Se dibuja una curva desde el punto **7** hasta el **2**.

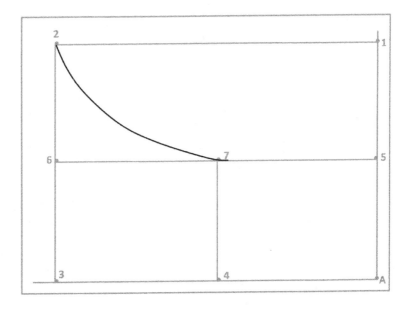

11. Se dibuja una curva desde el punto **4** hasta el **2**, pasando por el punto **6**.

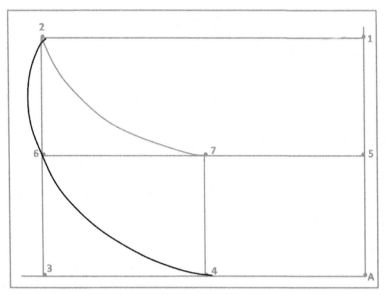

Nota importante: Recuerde que la línea formada desde el punto **A** hacia el frente es en realidad el doblez del papel, por lo tanto, el trazado se recorta de la siguiente manera: se comienza desde el punto **5** en línea recta hasta el punto **7**, pasando por la curva hasta el punto **2**, luego en línea curva pasando por el punto 6 hasta el punto **4**, por último siguiendo la línea recta hasta el punto **A**.

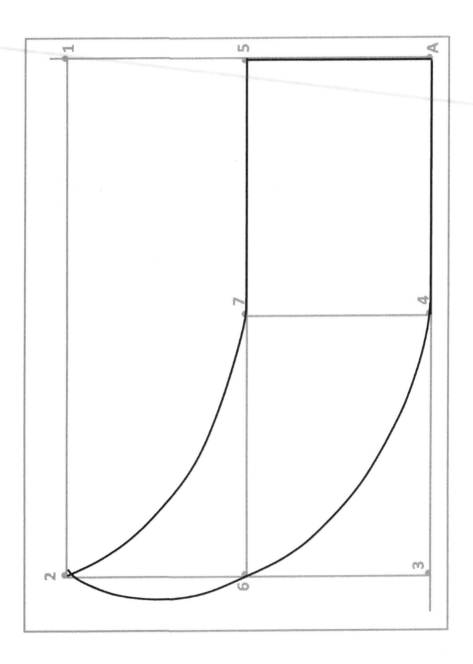

Trazado del cuello enterizo:

1. Se elabora el patrón de la blusa, dejando un margen de 12 centímetros a la derecha y 10 centímetros hacia su cuerpo.

2. Se mide 3 centímetros desde la línea horizontal **A** hacia su cuerpo, al nivel de la línea del busto, y marque el punto **1**.

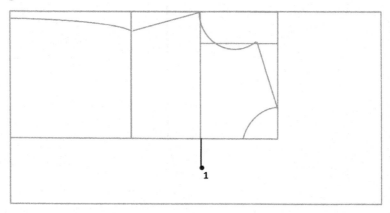

3. Se encuadra el punto **1** hacia la izquierda apoyándose en la línea que sale del busto.

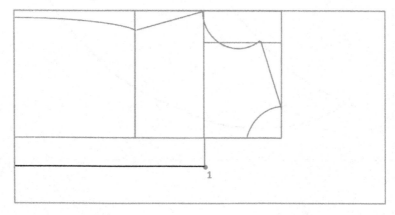

4. Se traza una línea recta desde el punto **1** hasta el extremo derecho del papel, pasando por el vértice de la línea de hombro y la sisa de cuello.

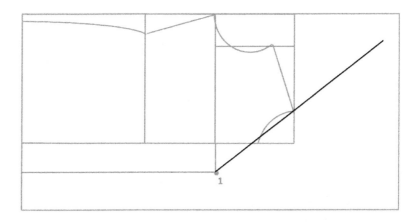

5. Se mide desde el punto **1** sobre la línea trazada, la tercera parte de la mitad de espalda más 1 centímetro, y se localiza el punto **B**.

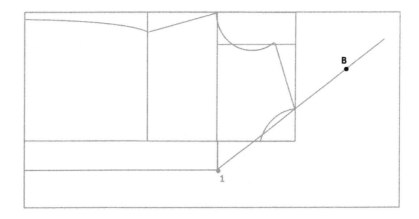

6. Se traza una línea perpendicular a la línea **1B**, desde el punto **B** y que mida de 6 a 8 centímetros y se localiza el punto **C**, que es el doble de la anchura del cuello (por lo general la anchura del cuello es de 3 a 4 centímetros).

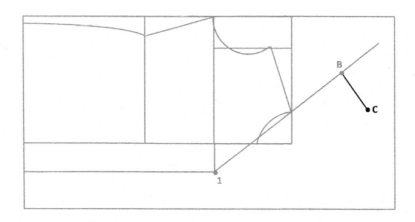

7. Se coloca lo mismo que mide la línea **BC** más 2 centímetros, hacia atrás del vértice de la sisa del cuello y la línea horizontal **A**, y se marca el punto **D**.

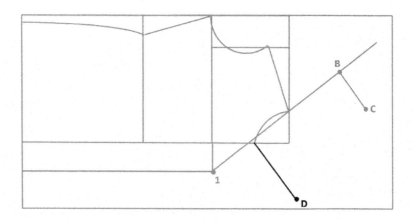

8. Dibuje la solapa trazando una semicurva entre los puntos **C** y **D**, y otra entre los puntos **1** y **D**. La forma de la solapa puede variar en el punto **D** según se desee, redondo o en ángulo.

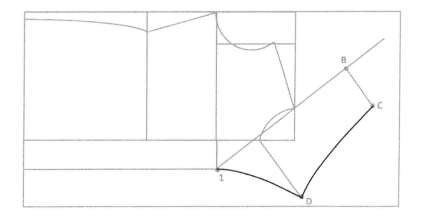

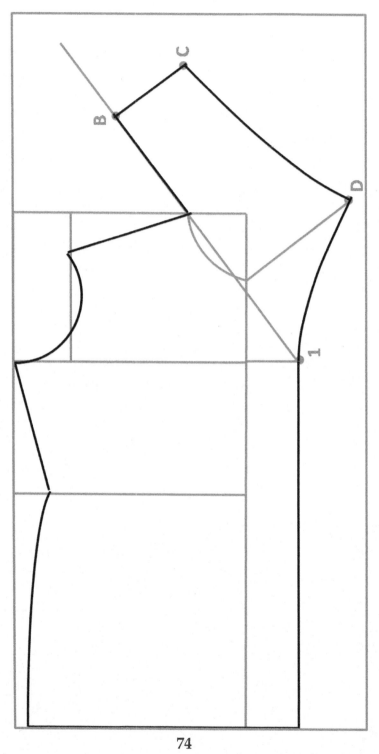

Trazado del cuello bebé:

1. En un papel de 22 centímetros de largo por 16 centímetros de ancho, se encuadra el ángulo inferior derecho dejando un margen de 1 centímetro a cada lado.

2. En el ángulo encuadrado marque el punto **A**.

3. Forme un rectángulo que tenga entre **A** y **1** el doble del ancho de cuello, y entre **1** y **2** la mitad del contorno de cuello.

4. En el ángulo inferior izquierdo del rectángulo se marca el punto **3**.

5. Se mide la mitad entre el punto **A** y **1** y se localiza el punto **4**. De la misma manera se mide la mitad entre el punto **2** y **3** y se localiza el punto **5**.

6. Se traza una línea recta uniendo los puntos **4** y **5**. Se marca en la mitad de la misma el punto **6**.

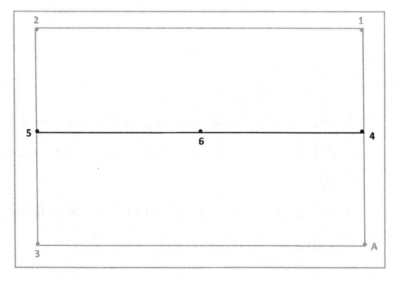

7. Se mide 3 centímetros hacia el frente del punto **6** y se localiza el punto **7**.

8. Se dibuja una curva que comience en el punto **1**, pasando por el punto **7** y que llegue al punto **2**.

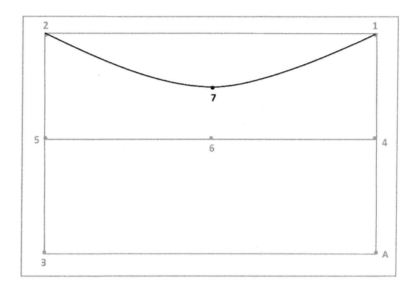

9. Se mide 3 centímetros hacia atrás del punto **6** y se localiza el punto **8**.

10. Se dibuja otra curva que comience en el punto **1**, pasando por el punto **4**, luego por el punto **8**, posteriormente por el punto **5** y que de igual forma llegue al punto **2**.

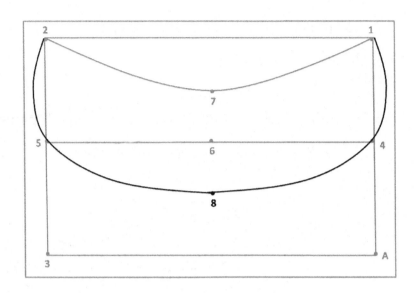

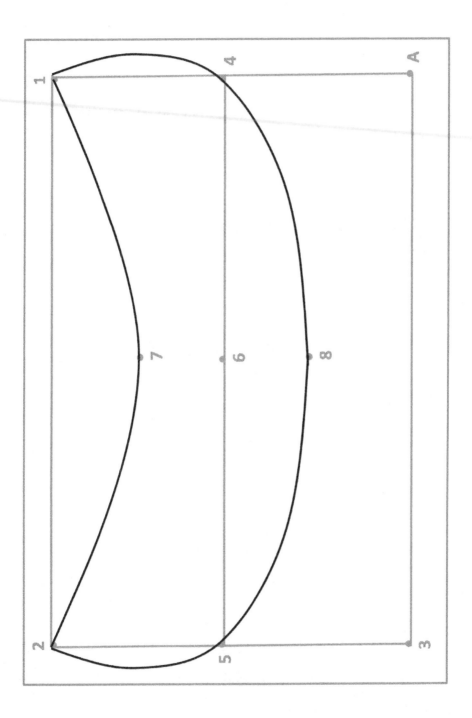

Trazado del cuello alto:

1. Se dobla por la mitad un papel de 42 centímetros de largo por 10 centímetros de ancho (se dobla de tal manera que parezca un papel de 21 centímetros de largo por 10 centímetros de ancho) se coloca el doblez hacia la derecha.

2. Se encuadra el ángulo inferior derecho del papel, dejando margen de 1 centímetro hacia su cuerpo y apoyándose en el lado del doblez.

3. En el ángulo encuadrado marque el punto **A**.

Nota importante: La línea formada desde el punto **A** hacia el frente es en realidad el doblez del papel, se observa de esa forma en la imagen por fines prácticos para señalar los puntos en los ejemplos.

4. Se forma un rectángulo que tenga entre **A** y **1** el doble de la medida del ancho de cuello (el ancho del cuello será de 4 centímetros como máximo, y de 3 centímetros como mínimo), y entre **1** y **2** la mitad del contorno de cuello. El punto **3** se localiza en la esquina inferior izquierda del rectángulo.

5. Se mide la distancia que hay entre los puntos **A** y **1** y se marca el punto **4** a la mitad.

6. Se dibuja una semicurva desde el punto **4** hasta el punto **2**, para formar la curva superior del cuello.

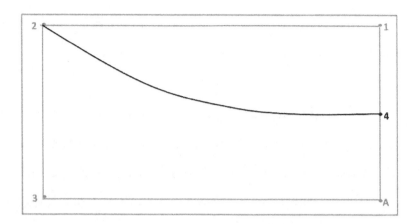

7. Se mide la tercera parte de la distancia que hay entre los puntos **A** y **3** y se localiza el punto **5** a la izquierda de **A**.

8. Se dibuja otra semicurva para formar la curva inferior, desde el punto **5** hacia la izquierda hasta la línea que forman los puntos **2** y **3**. Las curvas deben tener un mismo ancho en toda su extensión.

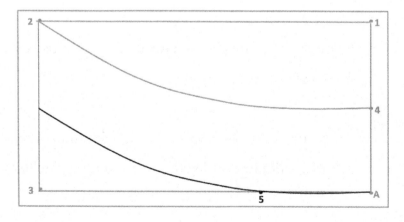

9. Se mide sobre la curva superior 2 centímetros a la derecha del punto **2** y se marca el punto **6**.

10. Se traza una línea desde el punto **6** hasta el vértice de la curva inferior.

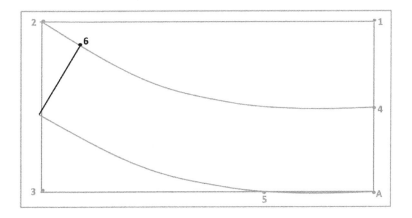

Nota importante: Recuerde que la línea formada desde el punto **A** hacia el frente es en realidad el doblez del papel, por lo tanto, el trazado se recorta de la siguiente manera: se comienza desde el punto **4** siguiendo la curva hasta el punto **6**, luego se cambia de dirección y se recorta en línea recta hasta donde culmina la misma, después se pasa por la curva hasta el punto **5**, culminando en el punto **A**.

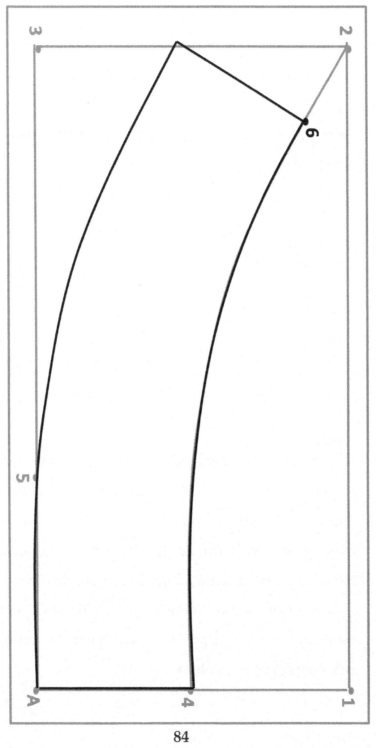

84

TRAZADO DE PANTALÓN

Parte delantera:

1. El primer paso que se da es encuadrar el papel y se localiza el punto **A**.

2. Hacia la izquierda se mide el largo total y se localiza el punto **1**.

3. Del punto **1** hacia la izquierda se miden 4 centímetros y se localiza el punto **2**. Los 4 centímetros son para el ruedo.

4. Del punto **A** hacia la izquierda se mide el largo del tiro y se localiza el punto **3**.

5. Para localizar la altura de la rodilla se mide la distancia que hay entre el punto **1** y el punto **3**, se divide a la mitad y se le aumentan 5 centímetros hacia la derecha y se localiza el punto **4**.

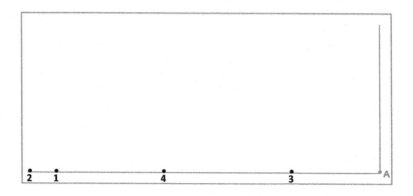

6. Los puntos **1, 2, 3** y **4** se encuadran hacia el frente.

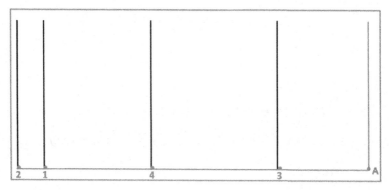

7. Del punto **A** hacia el frente se mide la cuarta parte del contorno de cadera y se localiza el punto **5**.

8. El punto **5** se encuadra hacia la izquierda hasta la línea de tiro, al hacer vértice con ésta, se localiza el punto **6**.

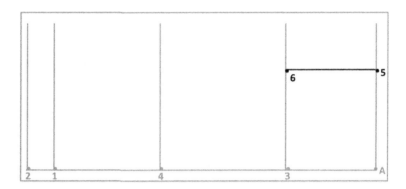

9. Para localizar el punto **7**, se mide la distancia que hay entre **6** y **3**, se calcula la cuarta parte, el resultado se mide desde el punto **6** hacia el frente.

10. Del punto **6** hacia la derecha se coloca la misma medida que hay entre el punto **6** y **7**, y se localiza el punto **8**.

11. El punto **7** se une con **8** con una línea curva para marcar el inicio de la entrepierna de la parte delantera del pantalón.

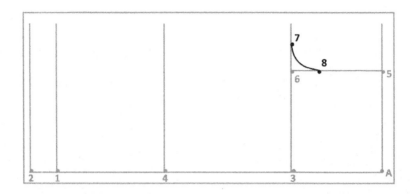

12. Para localizar el centro del pantalón se mide la distancia que hay entre el punto **7** y el punto **3**, se parte la mitad y se localiza el punto **9**.

13. El punto **9** se encuadra hacia la izquierda hasta el ruedo, al hacer vértice con la línea de la rodilla se localiza el punto **10**, y al hacer vértice con la línea de largo se localiza el punto **11**.

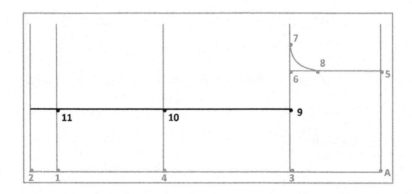

14. Del punto **11** hacia el frente se mide la cuarta parte del contorno de ruedo y se localiza el punto **12**.

15. Del punto **11** hacia atrás se mide la cuarta parte del contorno de ruedo y se localiza el punto **13**.

16. Del punto **10** hacia el frente se mide la cuarta parte del contorno de rodilla y se localiza el punto **14**.

17. Del punto **10** hacia atrás se mide la cuarta parte del contorno de rodilla y se localiza el punto **15**.

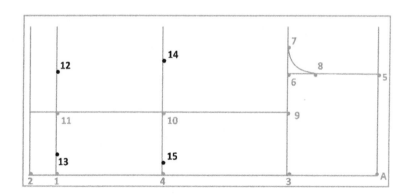

18. El punto **12** se une con **14** con una línea recta para marcar el inicio de la pierna de la parte delantera del pantalón.

19. El punto **15** se une con **13** con una línea recta para marcar la continuación de la pierna de la parte delantera del pantalón.

20. El punto **15** se une con el punto **3** con una línea recta inclinada para terminar de marcar la pierna del pantalón.

21. El punto **14** se une con **7** con una línea curva para terminar de marcar la entrepierna del pantalón.

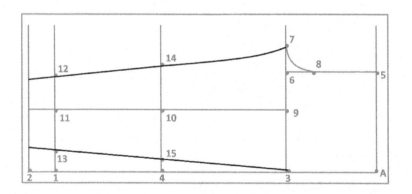

22. Del punto **5** hacia atrás se mide 1 centímetro y se localiza el punto **16**.

23. El punto **16** se une con el punto **8** con una línea recta.

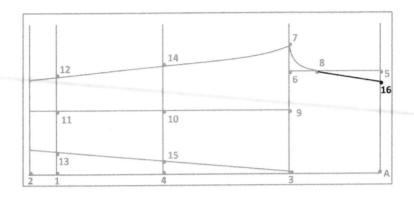

24. Del punto **16** hacia la izquierda se mide 1 centímetro y se localiza el punto **17**.

25. El punto **17** se une con el punto **A** con una línea recta.

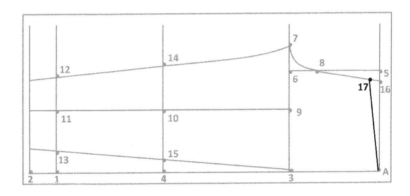

26. Del punto **17** hacia atrás se mide la cuarta parte del contorno de cintura y se localiza el punto **18**.

27. El punto **18** se une con el punto **3** por una línea curva para marcar la altura de cadera del pantalón.

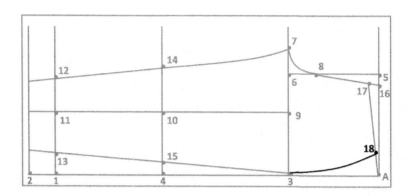

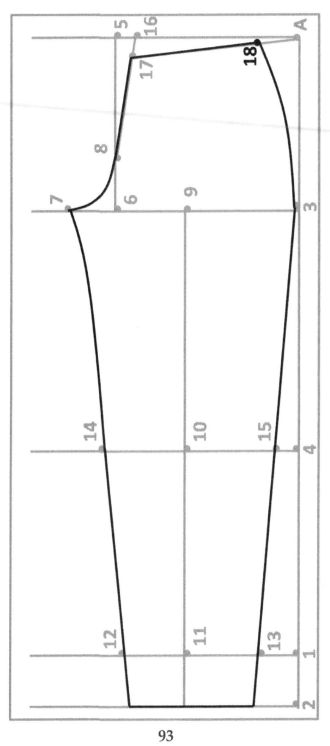

93

Parte trasera:

1. Se corta el patrón delantero y se coloca sobre otro papel. Se prolonga la línea de tiro hacia el frente y la de cintura hacia atrás.

2. Para cortar la pierna de la parte trasera del pantalón se corta igual desde la altura de cadera hasta la altura de rodilla de la parte delantera.

3. Del punto **7** hacia el frente se mide la distancia que hay del punto **6** y el punto **7**. Esta medida se coloca hacia el frente menos 2 centímetros y se localiza el punto **19**.

4. El punto **19** se une con el punto de altura de rodilla con una línea curva para marcar la entrepierna de la parte trasera del pantalón.

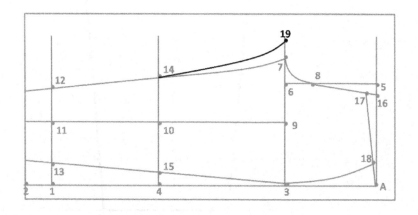

5. Del punto **6** hacia la derecha se mide la distancia que hay entre el punto **6** y el punto **19** y se localiza el punto **20**.

6. El punto **19** se une con **20** con una línea curva para marcar el inicio de la costura del fondillo.

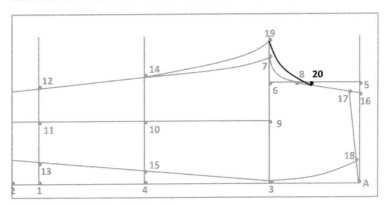

7. Del punto **17** hacia atrás se miden 4 centímetros y se localiza el punto **21**.

8. El punto **21** se une con **20** por una línea recta inclinada para terminar de marcar la costura del fondillo.

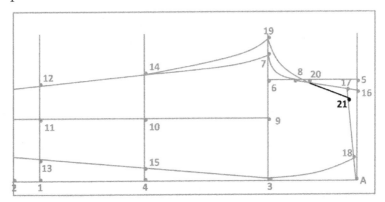

9. Del punto **21** hacia atrás se mide la cuarta parte del contorno de cintura más 2 centímetros y se localiza el punto 22.

10. El punto **22** se une con la altura de cadera con una línea semicurva para marcar la altura de cadera de la parte trasera del pantalón.

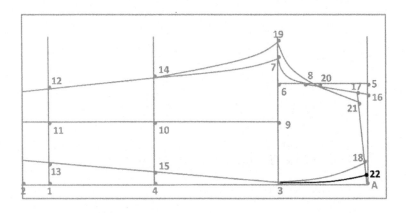

11. Del punto **21** hacia la derecha se miden de 3 a 4 centímetros y se localiza el punto **23**.

12. El punto **23** se une con el punto **22** con una línea recta inclinada para marcar la altura de la cintura de la parte trasera del pantalón.

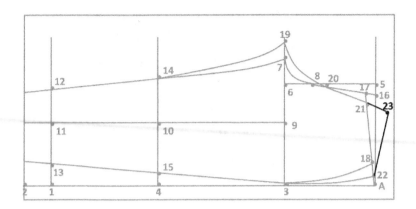

13. Para trazar la pinza trasera se mide la distancia que hay entre el punto **22** y **23**, se divide a la mitad y se localiza el punto **24**.

14. El punto **24** se encuadra 10 centímetros hacia la izquierda.

15. Para el ancho de la pinza se mide 1 centímetro del punto **24** hacia atrás, y 1 centímetro hacia adelante.

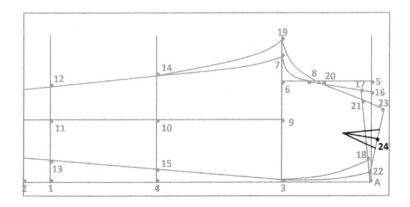

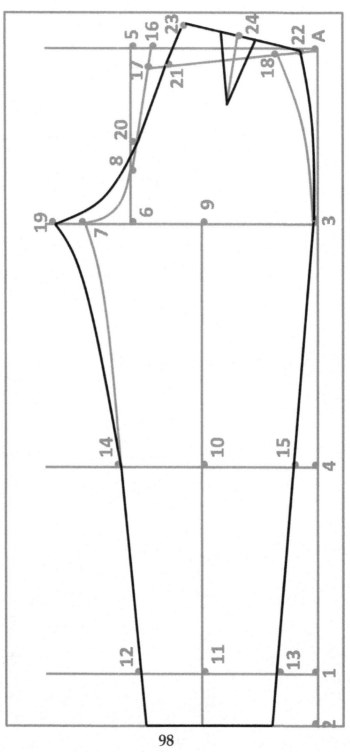

RECOMENDACIONES GENERALES

✓ Recuerde que antes de comenzar a elaborar los patrones o trazados, debe tener a la mano todos los implementos necesarios.

✓ Al momento de tomar las medidas, se debe tener en cuenta el tipo de tela que se utilizará para la prenda de vestir que se va a realizar. Si es una tela tipo franela, licra, licrilla, deportiva, entre otros, y quiere que quede ceñido al cuerpo, debe tomar las medidas más ajustadas. Si se trata de una tela que no cede como el lino, rayón, algunas gabardinas, telas de camisa, entre otras, debe tomar las medidas más holgadas.

✓ Se recomienda lavar las telas antes de marcar y cortar el patrón elaborado, ya que algunas se encojen en el primer lavado.

✓ Luego de marcar el patrón con tiza sastre, corte la tela, dejando 1 centímetro de más por todo el borde exterior para la costura.

✓ La costura de las prendas se debe realizar por la línea marcada con la tiza sastre. En el borde de 1 centímetro extra se realiza un zigzag para fortalecer la costura y para que no se deshilache la tela.

✓ Al momento de unir mangas y cuellos a blusas, camisas, vestidos, entre otros, es recomendable unir las piezas cosidas a mano con puntadas largas para cuadrar bien la prenda, y luego coser a máquina. Por último, se retiran las puntadas hechas a mano.

✓ Sea creativo, con los patrones básicos dados puede realizar infinidad de diseños, todos únicos y a su gusto. Realice blusas combinando distintos tipos de mangas y cuellos. Diseñe vestidos sencillos, elegantes, cortos, largos, con o sin mangas. De un patrón de pantalón puede realizar un short o pantalón corto a la altura que desee. Corte un trazado de vestido al nivel de la cintura para realizar una falda a la medida. No se coloque límites, aproveche al máximo los conocimientos adquiridos.

Made in the USA
Coppell, TX
30 September 2024

37907222R00056